Norbert Berens
Marguerite Koob

THEMENHEFTE ETHIK

Staunen lernen und Achtung empfinden

Komplett ausgearbeitete Unterrichtseinheiten mit Kopiervorlagen
1./2. Klasse

Auer Verlag

Gedruckt auf umweltbewusst gefertigtem, chlorfrei gebleichtem
und alterungsbeständigem Papier.

1. Auflage 2013
Nach den seit 2006 amtlich gültigen Regelungen der Rechtschreibung

Illustrationen: Carmen Hochmann
Umschlagfoto: Fotolia_41597434_XL.jpg; © Khorzhevska | Fotolia.de; #41597434
Satz: Fotosatz H. Buck, Kumhausen
Druck und Bindung: Franz X. Stückle Druck und Verlag, Ettenheim
ISBN 978-3-403-**06823**-5

www.auer-verlag.de

Inhaltsverzeichnis

Unterrichtseinheit 1: Berge und Blumen

Unterrichtsplanung und -vorbereitung

Unterrichtsziel:

Diese Unterrichtseinheit will den Kindern die Möglichkeit bieten, die unendliche Vielfalt und Schönheit ihrer unmittelbaren Umwelt bewusst zu erleben.

Zeitrahmen:

2 Unterrichtsstunden

Hilfsmittel:

Vorbereitete Kopiervorlagen:
- Arbeitsblatt AB 1: Blätter und Blumen
- Arbeitsblatt AB 2: So viele Farben überall!
- Lesetext: Über Berge, Blumen und die Welt
- Arbeitsblatt AB 3: So vieles zu sehen, zu fühlen und zu riechen!

Weiteres Material:
- Blätter von Hecken und Bäumen (z. B. Buchenblätter)
- Blumen in verschiedenen Farben
- Lupe(n)
- eventuell kleine Taschenlampe(n)
- Bilder der Bergwelt (Flora und Fauna)
- Bilder zum Thema Farbe, z. B. Schmetterlinge, leuchtende Blumen, farbenprächtige Insekten

Erste Unterrichtsstunde

Einstieg:

Der Lehrer[1] hat einige Blätter von Hecken und/oder Bäumen (Blätter, bei denen man die Äderungen gut sehen kann, wenn man das Blatt gegen eine Lichtquelle hält, z. B. Buchenblätter) und ein paar Blumen vom Tag mitgebracht.

Verlauf:

Zusammen mit dem Lehrer betrachten die Kinder die verschiedenen Blätter und Blumen im Detail: Farbe, Äderung usw.

Nachdem die Kinder die feinen und komplizierten Strukturen und Formen sowie die zarten bis leuchtenden Farben der Pflanzen studiert haben, halten sie ihre Beobachtungen auf AB 1 fest.

Im zweiten Teil der Unterrichtsstunde dürfen die Kinder sich über die vielen Farben und Formen, welche die Natur bietet (beispielsweise bei Schmetterlingen, Insekten und Blumen) und die Vielfalt der Farben und Formen begeistern.

AB 2 dient abschließend der individuellen Arbeit.

---

[1] Aufgrund der besseren Lesbarkeit ist in diesem Buch mit Lehrer auch immer Lehrerin gemeint, ebenso verhält es sich mit Schüler und Schülerin etc.

Zweite Unterrichtsstunde

Einstieg:

Der Lehrer liest den ersten Teil des Textes „Über Berge, Blumen und die Welt“ vor.

Verlauf:

Bei jeder Etappe wird der Text kurz auf das Verständnis geprüft.

Zum ersten Teil des Textes werden folgende Fragen gemeinsam besprochen:
- Wohin fuhren die Kinder und der Vater?
- Was machte die Mutter?
- Wo sind die Schüler selbst am liebsten?

Der erste Teil von AB 3 dient der individuellen Arbeit.

Zum zweiten Teil des Textes werden folgende Fragen gemeinsam besprochen:
- Wie ist die Luft in den Bergen? Wonach riecht sie?
- Warum schmeckt das Eis besser draußen auf der Terrasse?
- Was essen die Schüler am liebsten draußen an der frischen Luft?

Der zweite Teil von AB 3 dient der individuellen Arbeit.

Zum dritten Teil des Textes werden folgende Fragen gemeinsam besprochen:
- Wie hoch sind die Berge? Der Begriff „drei Kilometer“ wird in der den Kindern bekannten Welt relativiert:
  - Drei Kilometer sind es von der Schule bis …
  - Drei Kilometer sind es von zu Hause bis …
  - Wie lange muss man laufen, um drei Kilometer zurückzulegen?

Der dritte Teil von AB 3 dient der individuellen Arbeit.

Zum vierten Teil des Textes werden folgende Fragen gemeinsam besprochen:
- Was meinte der Vater mit dem Satz: „Die Welt ist sehr groß und auch sehr klein und in einer einzigen Blume ist eine ganze Welt.“ (siehe erste Unterrichtsstunde)
- Welche Tiere leben in den Bergen? Kennen die Kinder viele dieser Tiere?
- Glauben die Kinder, dass man alle Tiere und Pflanzen kennen kann, die es auf der Welt gibt?
- Wie denken und fühlen sie über diese enorme Vielfältigkeit der Tier- und Pflanzenwelt?

Und abschließend:
- Was meinte Tina wohl mit dem Satz: „Hier ist überall eine große, wunderbare Welt.“
- Welche Gefühle und Gedanken löst die „große Welt der Berge“ bei den Kindern aus?
- Welche Gefühle und Gedanken löst die „kleine Welt“, z. B. innerhalb der Pflanzen, bei den Kindern aus?

Der vierte Teil von AB 3 dient abschließend der individuellen Arbeit.

AB 1

Blätter und Blumen

Name: ______________________

Datum: ______________

Hier darfst du die Blätter malen, die du dir angesehen hast.

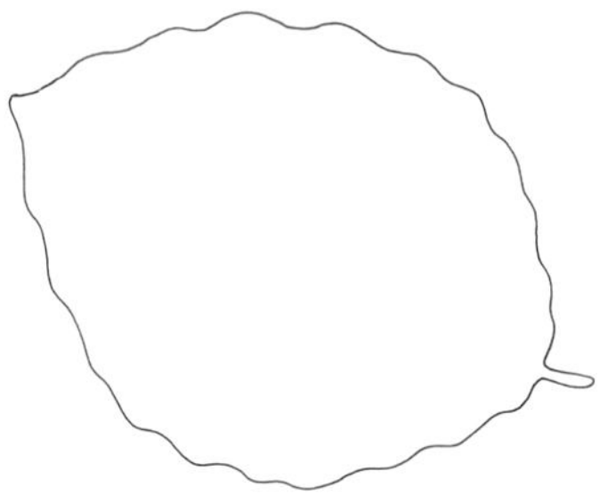

Hier darfst du die Blumen malen, die du dir angesehen hast.

AB 2

So viele Farben überall!

Name: ______________________

Datum: ______________

Hier darfst du malen, was dir besonders gut gefällt.

Über Berge, Blumen und die Welt

1. Teil
Tina und Felix sind mit ihrem Vater in die Berge gefahren. Mama ist im Hotel geblieben. Sie möchte die Ruhe und Schönheit des Sees genießen. „Die Berge sind anstrengend, das ist genau das Richtige für euch drei", meinte sie lachend.

* * *

2. Teil
Nun sitzen Tina, Felix und der Vater auf der kleinen Terrasse eines Bergkaffees und essen ein wunderbar leckeres Eis.

Die Luft ist klar. Es duftet nach Blumen und Heu.

„Komisch", meint Felix. „Hier schmeckt das Eis noch besser als in der Stadt."

Tina nickt. Sie liebt die Berge.

* * *

3. Teil
„Wie hoch sind die Berge hier?", fragt Tina.

„Etwa dreitausend Meter", antwortet Felix.

„Dreitausend Meter!" Tina rechnet. Sie hat die Stellentafel vor ihrem inneren Auge. „Das sind drei Kilometer!"

„Drei Kilometer, das ist von zu Hause bis ins Schwimmbad. Das ist richtig weit. Ich bin das schon zu Fuß gelaufen."

* * *

4. Teil
„Kommt Kinder, wir müssen los." Der Vater steht auf und schultert den Tagesrucksack.

Zuerst wandern sie an den blühenden Bergwiesen entlang.

Tina betrachtet eine kleine gelbe Blume am Wegesrand: „Papa, so große, hohe Berge und eine so kleine zarte Blume."

„Ja, die Welt ist sehr groß und auch sehr klein", sagt der Vater. „In einer einzigen Blume ist eine ganze Welt."

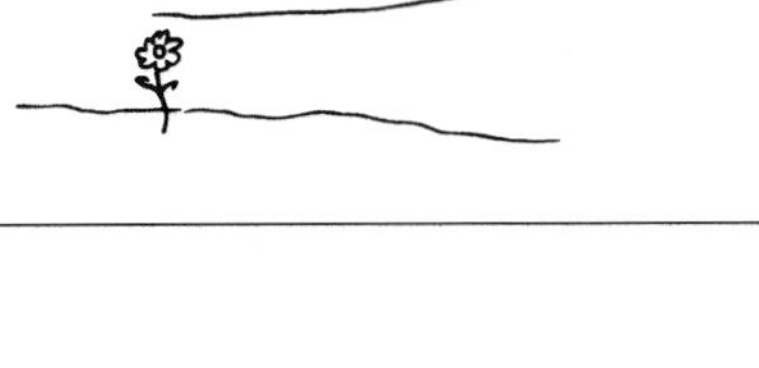

Nun führt der Weg durch den Wald. Tannen und Laubbäume wachsen wild durcheinander. Der Pfad ist schmaler und steiler geworden.

Felix denkt an die Tiere, die hier im Wald leben. So gerne möchte er einen Fuchs oder wenigstens ein Eichhörnchen sehen.

Die Sonne scheint durch die grünen Blätter. Vögel zwitschern. Insekten krabbeln über die großen Steine.

„Wie viele Tierarten es doch gibt! Ich werde ihre Namen wohl nie alle kennen“, denkt Felix.

„So viele Pflanzen“, überlegt Tina. „Die werde ich wohl nie alle kennen, denke ich.“

Dann lichtet sich der Wald. Tannen stehen vereinzelt auf der Alm.

Der Weg ist anstrengend.

„Ist es noch weit zum Bergsee?“ möchte Tina wissen.

Felix grinst. „Siehst du, ich wusste doch, dass der Weg zu weit für dich ist, kleines Schwesterchen.“

„Gar nicht“, knurrt Tina. „Ich habe nur Hunger und ich wette, du hast auch Hunger, Brüderchen.“

„Das hat er bestimmt“, meint der Vater. „Wir haben alle Hunger. Kommt Kinder, es ist nicht mehr weit.“

Doch Tina möchte eine Pause machen. Sie setzen sich auf einen warmen Felsbrocken und strecken die Beine aus.

Felix blickt ins Tal hinab. „Wie schön es hier oben ist!“, denkt er.

„Wie weit ist es noch von hier oben bis zu den Sternen?“, fragt Tina.

„Oh, sehr, sehr weit“, sagt der Vater und lächelt. „Unvorstellbar weit.“

„Wie weit etwa?“

„Das kann ich dir nicht genau sagen“, antwortet der Vater. Wir müssten viele, viele Jahre reisen, wenn wir zu den Sternen fliegen wollten.“

„Und bis dahin wärst du bestimmt verhungert“, stichelt Felix.

„Kommt Kinder, wir müssen weiter. Bald sind wir am Bergsee“, sagt der Vater und steht auf. „Und dann gibt es ein leckeres Picknick.“

Schließlich sind sie am Ufer des Bergsees angekommen. Felix legt sich flach auf den Rücken und schaut in die blaue Unendlichkeit des Himmels. Dann schließt er die Augen und genießt das Liegen im Gras und die Stille.

Die belegten Brote und die Früchte haben noch nie so gut geschmeckt wie hier oben am Bergsee.

Das Wasser im See ist still und klar.

„Hier ist überall eine große, wunderbare Welt“, denkt Tina und streicht mit den Händen über das Gras, während sie in den blauen Himmel blickt.

AB 3

So vieles zu sehen, zu fühlen und zu riechen! (1)

Name: ______________________

Datum: ______________

In den Ferien bin ich dort am liebsten:

____

Da kann ich ______________________________________

Hier darfst du malen, wo du am liebsten bist und was du dort gerne tust.

* * *

Das esse ich am liebsten draußen an der frischen Luft:

____

* * *

Tina und Felix waren mit ihrem Vater in den Bergen.

So hoch waren die Berge in der Geschichte: ______________________

Das ist so weit, wie von ______________________ bis ______________________.

Wenn ich diese Strecke laufe, dauert das etwa ______________________.

AB 3

So vieles zu sehen, zu fühlen und zu riechen! (2)

Name: ____________________

Datum: ____________________

Glaubst du, dass ein Mensch alle Tiere kennen kann, die es auf der Welt gibt?

____

Glaubst du, dass ein Mensch alle Pflanzen kennen kann, die es auf der Welt gibt?

____

So denke und fühle ich über die vielen Tiere und Pflanzen, die es auf er Welt gibt:

____

____

Was meinte der Vater mit dem Satz: „Die Welt ist sehr groß und auch sehr klein. In einer einzigen Blume ist eine ganze Welt."

Du darfst malen und schreiben.

____

____

So empfinde ich die großen Berge:

____

____

So empfinde ich die kleine Welt, die in den Pflanzen ist:

____

____

Unterrichtseinheit 2: Brot und Holz

Unterrichtsplanung und -vorbereitung

Unterrichtsziel:

Zwei handwerkliche Berufe, deren Erzeugnisse auch für kleine Kinderhände greifbar sind, werden in dieser Unterrichtseinheit exemplarisch für alle Handwerke betrachtet. Die Schüler sollen begreifen, dass es seit Menschengedenken manuelle Erwerbsformen gibt, in denen der Mensch, sein Können und sein Wissen im Mittelpunkt stehen. Sie erkennen, dass solche Tätigkeiten sowohl staunen lassen als auch Achtung abverlangen können.

Zeitrahmen:

2 Unterrichtsstunden

Hilfsmittel:

Vorbereitete Kopiervorlagen:
- Lesetext: Meisterwerke
- Arbeitsblatt AB 1: Meisterwerke
- Arbeitsblatt AB 2: Handwerker

Weiteres Material:
- ggf. Bildmaterial zu verschiedenen handwerklichen Berufen

Erste Unterrichtsstunde

Einstieg:

Der Lehrer liest den Text „Meisterwerke“ vor.

Verlauf:

Nachdem der Text auf das Verständnis geprüft wurde, werden folgende Fragen gemeinsam besprochen:
- Was taten Emma und Ben an diesem Sonntagvormittag?
- Wie sah der Raum mit der Theke aus? Was war so besonders an diesem Raum?
- Welche Gefühle löste dieser Raum bei Ben aus?
- Wie sah es in der Backstube aus? Was war am Backofen anders als bei den elektrischen Backöfen?
- Was ist so besonders an dem Brot, das Emmas Vater backt? Haben die Kinder schon einmal Brot gekostet, das nicht aus dem industriellen Bereich kommt?
- Warum wohl sind die Brote von Emmas Vater Meisterwerke? (Die Brote sind das Ergebnis des besonderen Könnens des Handwerkermeisters.)
- Wie nennt man den Beruf, den Emmas Vater ausübt?
- Welches Gefühl weckt der Beruf ihres Vaters bei Emma?
- Wer hat die Holzregale, auf welchen die Brote liegen, gefertigt?
- Wie nennt man die Handwerker, die Möbel herstellen?

Und abschließend:
- Wie reagierte Ben auf all das, was er sah und erfuhr?
- Wie denken und fühlen die Kinder über den Bäckerbetrieb von Emmas Vater?

AB 1 dient der individuellen Arbeit.

Zweite Unterrichtsstunde

Einstieg:

Der Lehrer bringt den Arbeitstext „Meisterwerke“ in Erinnerung:
- Von welchen handwerklichen Berufen war im Text die Rede?

Verlauf:

Und weiter:
- Welche weiteren handwerklichen Berufe kennen die Kinder?
- Die Kinder beschreiben die Handwerksberufe, die sie kennen.
- Der Lehrer ergänzt die Bandbreite gegebenenfalls.

Handwerker sind Menschen, die unter Einsatz ihres Wissens und ihrer Hände etwas entstehen lassen, z. B. die Mauern eines Hauses, ein Badezimmer oder eine Uhr. Sie können, wenn sie ihre Ausbildung abgeschlossen haben, Meister in ihrem Beruf werden.
- Welche Eigenschaften sind wohl nötig, um ein guter Handwerker zu sein?
- Was ist in den Augen der Kinder besonders am Handwerkerberuf?
- Welche Gefühle bringen die Kinder den Menschen, die handwerkliche Berufe ausüben, entgegen? (Bewunderung, Respekt für ihre Arbeit usw.)

Und weiter:
- Welche handwerklichen Berufe gefallen den Kindern besonders? Warum ist das so?
- Welchen handwerklichen Beruf würden die Kinder später vielleicht gerne ausüben?

AB 2 dient abschließend der individuellen Arbeit.

Meisterwerke

Emma stand im Hof und wartete auf Ben.

Es war Sonntagvormittag und die beiden wollten in die alte Mühle gehen und dem Bäcker beim Brotbacken zuschauen.

Emma hüpfte ungeduldig von einem Pflasterstein auf den anderen. Dann hörte sie, wie auf dem Parkplatz eine Autotür geschlossen wurde und kurz darauf kam Ben um die Ecke gelaufen. Zusammen stiegen sie die paar Stufen aus Holz hinauf, öffneten die schwere Holztür und dann befanden sie sich in einem Raum, wie Ben ihn noch nie gesehen hatte. Der Boden, die Wände, die Decke – alles war aus Holz. Zu ihrer Linken standen zwei Tische und ein paar Stühle, die ganz anders waren als die, die man in einem Möbelgeschäft kaufen konnte. Vor ihnen befand sich eine Theke, ebenfalls aus Holz, und dahinter standen ein paar Regale, natürlich auch aus Holz gezimmert. Ben konnte sich nicht sattsehen. Die beiden Kinder gingen an der Theke vorbei und betraten einen Raum, der sich weiter hinten rechts befand und in dem das Brot gebacken wurde.

Der Raum war groß und es war sehr warm. Ein großer Tisch stand mitten im Zimmer, auf dem der Bäcker eben Teig knetete und zu dicken Klumpen formte. Diesen Klumpen gab er die Form eines runden Brotes, schnitt kurz mit einem Messer durch die Oberfläche und trug das Ganze zur gegenüberliegenden Seite, zu einer Tür aus Metall, die er öffnete und hinter der ein großes Feuer loderte. Er legte sorgfältig ein Brot nach dem andern in diesen Ofen hinein, ging hinüber zu einem Holzstapel, nahm zwei Scheite und legte sie auf das brennende Feuer im Ofen.

„Das ist Buchenholz“, sagte der Bäcker zu Ben.

„Und das ist mein Vater“, erklärte Emma voller Stolz.

„Und dies hier ist ein Holzofenbrot“, schmunzelte der Vater, öffnete eine andere Tür und holte mit einer Art Holzschaufel einen frischen Brotlaib aus dem Ofen.

Ben verstand die Welt nicht mehr. Noch nie hatte er erlebt, wie ein richtiges Brot von einem richtigen Bäcker gebacken wurde. Er kannte nur das Brot aus dem Supermarkt, das irgendwie künstlich schmeckte und schon nach sechs Stunden ungenießbar wurde. Jenes Brot kam gewöhnlich aus einer Maschine gepurzelt und blieb dann in einer Vitrine liegen, bis jemand kam und es in seinen Einkaufswagen legte.

„Das Brot meines Vaters schmeckt nach ein paar Tagen noch genauso gut wie am ersten Tag“, ließ Emma wissen. Ihr Vater brach ein Stück von einem Brotlaib ab, teilte es in zwei Teile und reichte jedem der Kinder einen davon. Ben kam nicht mehr aus dem Staunen heraus. Er hatte noch nie Brot gegessen, das einen so herzhaften, vollen Geschmack hatte.

Als Emma und Ben kurze Zeit später wieder im Hof mit den Pflastersteinen standen, wollte er auch noch mehr über die Möbel aus Holz erfahren. „Die hat mein Großvater gemacht. Mein Onkel, der Bruder meines Vaters, hat ihm dabei geholfen“, erzählte Emma.

„Die Möbel in der Mühle sehen ganz anders aus als die, die man in einem Möbelgeschäft kaufen kann. Besonders wenn man sie mit denen vergleicht, die man noch selbst zusammenbauen muss. Eure Möbel sind viel, viel schöner.“

„Ja, schöne Sachen aus Holz machen ist ein wichtiges Handwerk. Die Leute, die das machen, nennt man Schreiner. Derjenige, der dieses Handwerk ganz gelernt hat und alle Prüfungen abgelegt hat, ist ein Schreinermeister.“

„Dann ist dein Vater ein Brotmeister“, warf Ben ein.

„Nein“, lachte Emma, „mein Vater ist ein Bäckermeister“.

„Das Mühlenbrot ist also von einem Meister gemacht!“

„Richtig, ich finde, dieses Brot ist ein Meisterwerk. Und die Tische, die Stühle, die Türen, die Regale und alles, was hier aus Holz gebaut wurde, sind in meinen Augen auch Meisterwerke, von Handwerkern gemacht.“

AB 1	**Meisterwerke**	Name: ____________ Datum: __________

Was ist besonders an der Backstube?

Male das Bild fertig.

Wie nennt man den Beruf von Emmas Vater?

____

Welche Gefühle hat Emma für den Beruf ihres Vaters?

____

Wie nennt man den Beruf der Menschen, die Möbel machen?

____

Welche Gefühle und Gedanken hättest du in der Backstube von Emmas Vater?

____

____

____

____

____

____

AB 2

Handwerker

Name: ____________

Datum: ____________

Welche Handwerkerberufe gefallen dir besonders gut?

Welche Eigenschaften bewunderst du ganz besonders bei den Handwerkern?

Welches Handwerk würdest du gerne ausüben, wenn du groß bist?
Du darfst schreiben und malen.

Unterrichtseinheit 3: Das Meer

Unterrichtsplanung und -vorbereitung

Unterrichtsziel:

Das Meer, das große Unbekannte, in all seiner Schönheit und Komplexität, verdient es, unter dem Thema „Staunen lernen und Achtung empfinden“ behandelt zu werden. Natürlich können nicht alle Lebewesen, die sich im Meer tummeln, in dieser Unterrichtseinheit besprochen werden. So kommen vor allem Wale und Delfine zur Sprache, die zumeist als besonders sympathische Meeresbewohner angesehen werden. Selbstverständlich können auch andere Meerestiere behandelt werden.

Zeitrahmen:

2 Unterrichtsstunden

Hilfsmittel:

Vorbereitete Kopiervorlagen:
- Lesetext: Das Meer
- Arbeitsblatt AB 1: Das Meer
- Arbeitsblatt AB 2: Ich und das Meer

Weiteres Material:
- Bilder von Delfinen und Walen
- Zeichenblätter und Malfarben

Erste Unterrichtsstunde

Einstieg:

Der Lehrer liest den Text „Das Meer“ vor.

Verlauf:

Nachdem der Text kurz auf das Verständnis geprüft wurde, werden folgende Fragen gemeinsam besprochen:
- Wo befanden sich Tina und Felix mit ihren Eltern? Wie sah es dort aus?
- Gefiel es den beiden Kindern am Meer? Warum war das so?
- Warum wohl dachte Tina: „So stelle ich mir das Paradies vor.“?

Und weiter:
- Wie atmen die Meeresbewohner?
- Wie lassen die Meerespflanzen den Sauerstoff entstehen?
- Wie sieht das Meer unter der Oberfläche aus?
- Die Mutter sagte, dass das Meer eine eigene, geheimnisvolle Welt wäre. Was ist wohl so geheimnisvoll im Meer?

AB 1 dient der individuellen Arbeit.

Anschließend werden folgende Fragen gemeinsam besprochen:

- Was erzählten der Vater und Tina über die Delfine und Wale?
- Was können die Kinder von Delfinen und Walen erzählen?
  (Beispiel: Eines Tages schwammen ein paar Delfine in einen kleinen Fischerhafen und blieben ganz nahe am Kai. Schließlich wunderten sich die Menschen über das Verhalten der Tiere und schauten sich die Delfine genauer an. Da merkten sie, dass einer der Delfine verletzt war. Ohne die Hilfe der Menschen hätte er sterben müssen. Ein Tierarzt versorgte die Wunden und gab dem Delfin die nötigen Medikamente. Danach schwammen die Delfine wieder aus dem Hafen heraus.)
- Welche Gedanken und Gefühle weckt die Intelligenz der Delfine bzw. Wale bei den Kindern?

Zum Abschluss dieser Unterrichtsstunde malen die Kinder eine Szene von Walen oder Delfinen, die sie besonders berührt hat. Der Lehrer beschriftet die Zeichnung.

Zweite Unterrichtsstunde

Einstieg:

Der Lehrer bringt den Lesetext „Das Meer" in Erinnerung.

Dann liest er das Ende vor:

Tina und Felix blicken still und nachdenklich auf den glitzernden Meeresspiegel. Ihre Blicke gehen bis dahin, wo das Meer den blauen Himmel berührt. Sie schweigen.

„Es ist wunderschön", sagt der Vater leise. „Es ist so schön, dass man es kaum begreifen kann."

Draußen am Horizont hat die Sonne den Meeresspiegel fast erreicht. Sie wirft ihre goldenen Strahlen auf die glitzernden Wellen.

An diesem Abend sitzen Tina, Felix und die Eltern lange am Strand.

Verlauf:

Folgende Fragen werden gemeinsam besprochen:

- Warum sind die Eltern und die Kinder an diesem Abend noch lange am Strand geblieben?
- Der Vater sagte: „Es ist wunderschön. Es ist so schön, dass man es kaum begreifen kann."
  Wie denken und fühlen die Schüler über die Schönheit des Meeres?
- Wie kann das Meer sein? (ruhig, spiegelglatt, lustig, friedlich, stürmisch, gefährlich, geheimnisvoll …)
- Wie denken die Kinder über die Komplexität des Meeres? Sind sie der Meinung, dass die Menschen viel über das Meer wissen?
- Denken die Kinder, dass die Menschen das Meer eines Tages wirklich kennen werden?
- Menschen haben seit jeher Ehrfurcht und Achtung vor dem Meer empfunden. Warum wohl?
- Wie denken die Kinder darüber und was fühlen sie dabei, dass manche Menschen das Meer nicht achten?
- Welche Folgen hat es, wenn die Menschen das Meer nicht achten?
- Und abschließend:
  Welche Gefühle weckt das Meer bei den Kindern? (Freude, Beruhigung, Angst …)

AB 2 dient abschließend der individuellen Arbeit.

Das Meer

Felix und Tina sitzen im warmen Sand und essen ein Eis. Vor ihren Füßen gleiten die Wellen über den Sand.

Sie haben lange im Meer gespielt.

Nun ruhen ihre Blicke auf dem glitzernden Wasser. Sie spüren den Wind und die Sonne auf der Haut.

„So stelle ich mir das Paradies vor", denkt Tina.

„Das Wasser ist so still und ruhig", denkt Felix. „Es muss spannend sein im Winter, wenn es stürmt und die Wellen Schaumkronen haben. Ob es hier auch Haifische gibt?"

Die Eltern setzen sich zu den Kindern in den Sand.

„Morgen werden wir ein kleines Motorboot mieten und uns das Land vom Meer aus ansehen", sagt der Vater.

„Wie tief ist das Wasser draußen im Meer?", fragt Felix.

„Das ist ganz verschieden", sagt der Vater. „Das Meer hat flache, ebene Strecken, tiefere Stellen und sehr tiefe Täler."

Der Vater blickt aufs Meer hinaus. „Die Pflanzen im Meer erzeugen Sauerstoff und die Meerestiere leben von Sauerstoff und vom Sonnenlicht."

„Und wie atmen die Fische?", fragt Tina.

„Die Fische haben Kiemen", erklärt der Vater. „Das Wasser fließt durch die Kiemen und in den Kiemen wird der Sauerstoff herausgefiltert."

„Bei uns kommt Luft in die Lungen, wenn wir atmen“, erklärt die Mutter.

„Und man kann nicht gut denken, wenn man nicht genug Sauerstoff hat“, sagt Tina.

Die Mutter nickt. Sie schaut aufs Meer hinaus und lächelt. „Da draußen im Meer ist eine geheimnisvolle Welt. Da gibt es vieles, das wir noch nicht kennen. Es gibt zum Beispiel sehr tiefe, geheimnisvolle Täler, in die kein Sonnenlicht dringt. Wir kennen noch wenig vom Meer, vom Wasser und der Welt, die das Meer ist.“

„Hier am Strand und überall, wo Luft und Meer zusammenkommen, berühren sich zwei Welten“, sagt der Vater.

„Und manche Tiere leben in den beiden Welten“, meint die Mutter.

„Die Delfine“, ruft Tina.

„Und die Wale“, sagt Felix. „Sie atmen Luft und leben im Meer. Und sie sind superintelligent, wie die Delfine.“

„Delfine helfen kranken Menschen“, sagt Tina.

„Ich habe gelesen, dass Wale Menschen retteten, die in einen Sturm gerieten“, erzählt Felix. „Die Wale schwammen um das Schiff herum und dadurch schwächten sie die Wellen ab. Nur so konnten die Menschen den Sturm überleben.“

„Ja“, sagt der Vater nachdenklich. „Die Menschen haben immer Achtung vor dem Meer empfunden, aber ich glaube fast, früher, vor langer Zeit haben die Menschen das Meer mehr geachtet als heute.“

Tina und Felix blicken still und nachdenklich auf den glitzernden Meeresspiegel. Ihre Blicke gehen bis dahin, wo das Meer den blauen Himmel berührt. Sie schweigen.

„Es ist wunderschön“, sagt der Vater leise. „Es ist so schön, dass man es kaum begreifen kann.“

Draußen am Horizont hat die Sonne den Meeresspiegel fast erreicht. Sie wirft ihre goldenen Strahlen auf die glitzernden Wellen.

An diesem Abend sitzen Tina, Felix und die Eltern lange am Strand.

AB 1

Das Meer

Name: ____________________

Datum: ________________

Wo waren die Kinder?
Du darfst malen und schreiben.

Würde es dir gefallen, mit Tina und Felix am Strand zu sein?

Wie sieht es unter der Meeresoberfläche aus?
Du darfst malen.

Wie denkst du über den Satz: „Das Meer ist eine geheimnisvolle Welt.“?

AB 2

Ich und das Meer

Name: ____________________

Datum: ______________

Kannst du dir wirklich vorstellen, wie groß das Meer ist?

____

Denkst du, dass die Menschen viel über das Meer wissen?

____

Denkst du, dass die Menschen das Meer eines Tages wirklich kennen werden?

____

Welche Gefühle weckt das Meer bei dir?
Hier darfst du zu deinen Gefühlen malen und auch schreiben, wenn du möchtest.

Unterrichtseinheit 4: Die Maus, der Hamster und der Himmel

Unterrichtsplanung und -vorbereitung

Unterrichtsziel:

Das stets gegenwärtige, aber doch so weit entfernte Wunderwerk Weltall ist das Thema dieser Unterrichtseinheit. Als Besprechungshilfe dient eine in Märchenform gehaltene Kurzgeschichte, die in sehr freizügiger Form an das luxemburgische Nationalgedicht von Auguste Liesch „D' Maus Ketty" angelehnt ist.

Zeitrahmen:

1 Unterrichtsstunde

Hilfsmittel:

Vorbereitete Kopiervorlagen:
- Lesetext: Die Maus, der Hamster und der Himmel
- Arbeitsblatt AB 1: Die Maus, der Hamster und der Himmel
- Arbeitsblatt AB 2: So viele Sterne

Weiteres Material:
- Bildmaterial von ein paar bekannten Sternenbildern (Bücher aus der Schulbibliothek, Bilder aus Zeitungen usw.)

Unterrichtsstunde

Einstieg:

Der Lehrer liest den Text „Die Maus, der Hamster und der Himmel" vor.

Zuvor hat er entschieden, ob seine Klasse reif ist für den kursiv gedruckten Teil.

Verlauf:

Nachdem der Text kurz auf das Verständnis geprüft wurde, werden folgende Fragen gemeinsam besprochen:
- Warum hatte die Maus Ketti an jenem Tag immer wieder zur Sonne geblickt?
- Warum sah der Hamster Metti plötzlich zum Himmel?
- Was sahen die Maus Ketti und der Hamster Metti, als sie zum Abendhimmel hochschauten?
- Was erklärte Hamster Metti der Maus Ketti über den Sternenhimmel?
- Was ist alles im Abendhimmel zu sehen?
- Gibt es viele Sterne?
- Was kann man, außer Sternen, am Abendhimmel beobachten? Die Wörter werden kurz erklärt.
- Was ist eine Sternschnuppe? Haben die Kinder schon einmal eine Sternschnuppe gesehen? Haben sie sich dabei etwas gewünscht?
- Wie fühlten der Hamster und die Maus sich, als sie gemeinsam zu den Sternen hochblickten?

AB 1 dient der individuellen Arbeit.

Anschließend fragt der Lehrer die Kinder, ob sie abends manchmal zu den Sternen hochblicken. Was entdecken sie, wenn sie in den Sternenhimmel schauen?

Und weiter:
Kennen sie das Wort „Sternbild“?

Der Lehrer zeigt ein paar Bilder von den bekanntesten und einprägsamsten Sternbildern. Gefällt eines der Sternbilder den Kindern besonders gut? Wie heißen diese Sternbilder?

Anschließend werden folgende Fragen besprochen:
- Können die Kinder sich vorstellen, wie weit es zu den Sternen ist?
- Können die Kinder sich vorstellen, wie viele Sterne es gibt?
- Können sie sich vorstellen, wie unendlich groß das Weltall ist?

Und abschließend:
Welche Gefühle weckt der große, weite Sternenhimmel bei den Kindern?

AB 2 dient der individuellen Arbeit.

Die Maus, der Hamster und der Himmel

Es war einmal ein schönes, großes Feld.

Dort wohnten ein Hamster und eine Maus, die sich noch nie begegnet waren.

Eines Abends, die Sonne stand schon tief, wachte der Hamster auf und kletterte aus seinem Bau. Er hatte Hunger und er wollte etwas suchen, das er essen konnte. Vorsichtig lief er zwischen den Getreidehalmen hindurch.

Plötzlich sah er hinter einem Büschel ein unbekanntes Wesen. Er erschrak heftig, warf sich auf den Rücken und stieß schrille Schreie aus. Hamster tun so etwas, wenn sie Angst haben.

Das unbekannte Wesen war die Maus. Auch sie erschrak, sprang mit allen vieren in die Luft und drehte sich dreimal um sich selbst.

So lag der Hamster da auf dem Rücken und schaute der Maus in die Augen, die nun vor ihm stand. Beide erkannten, dass keine Gefahr von dem anderen ausging und dass sie keine Angst mehr haben mussten.

„Wer bist du?", fragte die Maus.

„Ich bin Metti, der Hamster. Und wer bist du?"

„Ich bin die Maus Ketti. Warum liegst du auf dem Rücken?"

„Ich ..., also ich ..., ich schaue in den Himmel!"

„Und was siehst du im Himmel, Hamster Metti?"

„Ich sehe, also ich sehe den Himmel, den blauen Himmel und die Sonne!"

„So, soso, du siehst also die Sonne! Ich habe heute den ganzen Tag auch zur Sonne hochgeschaut."

„Und warum das?"

„Weil ich zu meiner Cousine Mim gegangen bin. Deshalb! Sie wohnt weit weg, auf einem anderen Feld. Wenn ich zu ihr gehe, muss ich frühmorgens aufstehen. Dann gehe ich der Sonne entgegen. Ich bleibe dann bei der Cousine Mim, bis die Sonne über mir steht. Dann ist es an der Zeit, mich auf den Heimweg zu machen. Ich brauche dann bloß mit der Sonne zu gehen und komme wieder hier zu Hause an."

„Das ist gut, Maus Ketti, das ist gut! Ich mache das nachts auch so. Aber ich schaue auf die Sterne."

„Die Sterne?"

„Ja, ja, die Sterne! Komm leg dich neben mich, dann schauen wir zusammen in den Himmel, die Sterne werden gleich da sein."

„Ich soll mich neben dich legen?"

„Ja, komm schon, Maus Ketti!"

Die Maus legte sich neben den Hamster und beide schauten in den Himmel. Sie sahen, wie die Sonne unterging, wie es langsam dunkel wurde und wie die Sterne anfingen zu leuchten, einer nach dem anderen. Auch der Mond war da, aber er leuchtete bloß auf einer Seite, die andere war fast schwarz.

„Einige Sterne sind größer als die anderen", bemerkte die Maus.

„Und es gibt Millionen und Millionen davon", fügte der Hamster hinzu. „Am Himmel sind aber nicht bloß Sterne, sondern auch Kometen, Planeten und viele Satelliten."

„Was ist das, ein Komet?"

„Ein Komet ist ein Himmelskörper, also etwas, das im Himmel herumsaust, mit einem leuchtenden Schweif."

„Und Planeten?"

„Die sehen aus wie richtig dicke Sterne. Die Planeten, die unserer Erde am nächsten sind, heißen Merkur, Venus, Mars, Jupiter, Saturn, Uranus und Neptun."

„Und Satelliten werden von den Menschen gebaut und mit Raketen in den Himmel geschossen. Siehst du, Metti, ich weiß auch etwas."

„Ja, Ketti, das ist richtig. Die Menschen hoffen, mithilfe der Satelliten mehr über die Erde und den Himmel zu erfahren."

„Manchmal glaube ich, Sterne bilden eine Wolke. Ist das möglich?"

„Ja, so was gibt es. Manche Hamster nennen eine solche Wolke Nebel oder auch Galaxie."

„Schau Metti, schau! Da bewegt sich ein Stern!"

„Ketti, das ist kein Stern, das ist ein Satellit, der die Erde umkreist. In ungefähr einer Stunde kommt er wieder. Dann ist er einmal um die Erde gesaust."

„Metti, Metti! Eine Sternschnuppe!"

„Ja, ich habe sie gesehen. Es gibt Hamster, die behaupten, man muss sich etwas wünschen, wenn man eine Sternschnuppe sieht, das geht dann in Erfüllung. Ich denke aber, das ist Unsinn."

„Können Sternschnuppen nicht auf die Erde herunterfallen?"

„Nein, die verbrennen in der Luft. Größere Himmelskörper stürzen manchmal auf die Erde. Sie heißen Meteore. Das, was von einem Meteor übrig bleibt, wenn er auf den Boden gefallen ist, nennen die Menschen Meteorit."

„Ach Metti, du bist so gescheit, du weißt so viel."

„Es ist so schön, dir alles zu erzählen. Du kannst so gut zuhören."

Metti drückte vorsichtig mit seinen Pfötchen gegen seine Backen. Aus seinem Mund fielen ein paar Getreidekörner heraus, die er schon eingesammelt hatte.

„Die sind für dich, Ketti, lass sie dir gut schmecken."

„Danke Metti, das ist lieb von dir. Der Himmel, die Sterne und jetzt auch noch die Getreidekörner, das alles ist so schön."

„Es ist so schön, weil wir zusammen sind. Wir sollten immer zusammen sein. Maus Ketti, willst du mich heiraten? Dann würde aus der Maus Ketti eine Maus Metti."

AB 1

Die Maus, der Hamster und der Himmel

Name: ______________________

Datum: ______________

Metti und Ketti sehen, wie die Sterne anfangen zu leuchten, einer nach dem anderen. Auch der Mond ist da, aber er leuchtet bloß auf einer Seite.

Hier darfst du malen.

Metti und Ketti sehen auch eine Sternschnuppe.

Du darfst malen.

Was fühlten Metti und Ketti, als sie in den Sternenhimmel blickten?

____

____

AB 2	**So viele Sterne**	Name: ______ Datum: ______

Du hast dir die Sternenbilder angesehen. Welches Sternenbild hat dir am besten gefallen?

Hier darfst du malen und schreiben.

______

______

Kannst du dir vorstellen, wie weit es bis zu den Sternen ist?

______

Kannst du dir vorstellen, wie viele Sterne es gibt?

______

Kannst du dir vorstellen, wie groß das Weltall ist?

______

Wie denkst und fühlst du über die Größe des Weltalls und die vielen Sterne?

______

______

______

Unterrichtseinheit 5: Mit den Pferden im Wald

Unterrichtsplanung und -vorbereitung

Unterrichtsziel:

In dieser Unterrichtseinheit gilt es, den Kindern die spannende Vielfältigkeit des Waldes bewusst zu machen. Um dies zu erleichtern, unternehmen Tina und Felix einen Ausflug in den Wald. Dabei sichern sie sich die Unterstützung von Ponys und Pferden, die es ihnen ermöglichen, sich einigen Tieren zu nähern, die frei im Wald leben.

Zeitrahmen:

2 Unterrichtsstunden

Hilfsmittel:

Vorbereitete Kopiervorlagen:
- Lesetext: Mit den Pferden im Wald
- Arbeitsblatt AB 1: Mit den Pferden im Wald
- Arbeitsblatt AB 2: Der Wald

Weiteres Material:
- Bilder von Waldtieren (Rehe, Wildschweine, Waldmaus, Hase)

Erste Unterrichtsstunde

Einstieg:

Der Lehrer fragt die Kinder, ob sie gerne einen Spaziergang im Wald unternehmen. Was gefällt den Kindern daran, in den Wald zu gehen? Hatten sie schon einmal das Glück, eine Waldmaus zu sehen?

Verlauf:

Nun liest der Lehrer den Text „Mit den Pferden im Wald“ vor.

Nachdem der Text kurz auf das Verständnis geprüft wurde, werden folgende Fragen gemeinsam besprochen:
- Was hatten sich Tina und Felix zum Geburtstag gewünscht?
- Warum haben die Eltern nicht gleich „Ja“ zum Geburtstagswunsch ihrer Kinder gesagt?
- Welche Lösung haben die Eltern schließlich gefunden?
- War es leicht, reiten zu lernen? Warum hielten die Kinder trotzdem durch?
- Was durften die Kinder tun, als sie schließlich sattelfest waren?
- Warum sollten die Kinder draußen im Wald nicht sprechen?
- Was würden die Kinder mit etwas Glück sehen?

Und:
- Was fühlten die Kinder, als es im Schritttempo über den schmalen Weg durch die Wiesen ging?
- Was fühlten sie, als sie traben durften?
- Wie fühlten sie sich nach dem ersten Galopp?

Zum zweiten Teil der Unterrichtsstunde hat der Lehrer Bilder von Waldtieren (Reh, Wildschwein, Waldmaus, Hase) mitgebracht.

Folgende Fragen werden gemeinsam beantwortet, wobei die Kinder sich die jeweiligen Bilder ansehen können:

- Wie nahe kamen Tina und Felix mit den Pferden an die Rehe heran?
- Welches kleine Tier sahen sie auf dem Waldboden?
- Durch welchen Teil des Waldes führte Jens die Kinder dann? Wie sah es dort aus? Was fühlten die Kinder? Welche Tiere sahen sie in diesem Teil des Waldes?
- Warum hatten die Kinder das Gefühl, dass die Tiere des Waldes sie in ihren geheimen Garten eingeladen haben?
- Welches Tier sahen Tina und Felix auf der Wiese, als sie aus dem Wald kamen?

Und weiter:

- Was fühlten Tina und Felix, als sie die Pferde absattelten?
- Warum waren sie den Pferden dankbar?
- Warum schwiegen Tina und Felix, als sie wieder in der Küche saßen und Torte aßen?

AB 1 dient abschließend der individuellen Arbeit.

Zweite Unterrichtsstunde

Einstieg:

Der Lehrer fragt die Kinder, ob sie, bei dem gerade herrschenden Wetter (Regen, Sonnenschein, Wind, Schnee ...) gerne im Wald wären. Welches Gefühl hätten sie in diesem Augenblick im Wald?

Verlauf:

Anschließend dürfen die Kinder erzählen, welche Stimmung der Wald in folgenden Situationen vermittelt und wie sie sich jeweils dabei fühlen:

- bei Regen, wenn die Pflanzen und der Boden duften
- bei Wind, wenn er ganz oben durch die Baumkronen fegt
- wenn es schon ein bisschen dunkel im Wald ist
- in der Nacht, wenn es so dunkel ist, dass man den Weg fast nicht mehr erkennen kann und die Mäuse im trockenen Laub rascheln
- im Frühling, wenn die Bäume grüne Blätter bekommen und der Waldboden zum weißen Blumenteppich wird
- im Sommer, wenn die Bäume die Hitze abhalten und der Wind leise durch die Blätter rauscht
- im Herbst, wenn die farbigen Blätter im Sonnenschein leuchten
- im Winter, wenn der Waldboden weiß ist und die Äste mit Schnee bedeckt sind

Folgende Fragen werden anschließend gemeinsam besprochen:

- Was hat der Wald den Menschen früher gegeben?
- Was gibt der Wald den Menschen heute?
- Könnte die Menschheit ohne die Wälder überleben? Warum nicht?

Und abschließend:
Welche Gefühle und Gedanken weckt der Wald bei den Kindern?

AB 2 dient abschließend der individuellen Arbeit.

Mit den Pferden im Wald

Tina und Felix hatten sich alle beide zu ihrem Geburtstag gewünscht, Reiten zu lernen.

Reitstunden sind sehr teuer. Die Eltern hatten sich ziemlich entsetzt und ein bisschen hilflos angesehen.

Dann hatte der Vater gesagt: „Wir werden sehen."

Schließlich hatten die Eltern eine Lösung gefunden. Vater dachte an seinen Kollegen Jens. Jens und seine Frau Hellen lebten auf einem alten Bauernhof, zu dem zwei große Wiesen gehörten. Und weil Jens, seine Frau und die Geschwister der Frau alle Pferdenarren waren, lebten vier Pferde und zwei große Ponys auf den beiden Koppeln und im alten Kuhstall, der zum Pferdestall umgebaut worden war.

Die Pferde gehörten genauso zur Familie wie die beiden Hunde und sie waren ebenso lieb und freundlich wie die Hunde.

Hier lernten die Kinder nun Reiten.

Zuerst hatten sie tagelang Muskelkater und fragten sich, ob das Reiten die Mühe wirklich wert sei.

Doch Vater hatte ein Abkommen mit Jens getroffen. Er würde Jens beim Bau eines neuen Schuppens helfen und Hellen würde den Kindern Reitunterricht geben.

Also hielten Felix und Tina durch, auch nach ihrem ersten Sturz und den schmerzenden blauen Flecken.

Schließlich war es so weit, die beiden waren sattelfest und durften zum ersten Mal mit Jens und Hellen ausreiten.

„Wenn wir draußen sind", sagte Jens, „möchte ich, dass ihr still seid und euch total auf das Pferd und die Umgebung konzentriert. Ich reite vor, dann kommst du, Felix, und dann Tina. Hellen wird hinter euch reiten."

Zwei Pferde und die beiden Ponys wurden geputzt und gesattelt, man saß auf und los ging das Abenteuer.

Zuerst nahmen sie einen kleinen Weg, der durch die Wiesen führte. Die Pferde gingen im Schritttempo.

Tina und Felix waren voller Freude und gespannter Neugier.

Später trabten sie den Weg entlang. Tina und Felix fühlten eine Mischung aus etwas Bangen und dem herrlichen Gefühl der Freude und Freiheit.

Schließlich durften sie ihren ersten Galopp wagen. Danach war die Angst verschwunden und die Kinder fühlten sich nur noch wunderbar glücklich und frei. Sie hatten das Gefühl, dass die Ponys ihre Freude mit ihnen teilten.

Dann kamen sie in den Wald und gingen wieder im Schritt.

„Haltet die Augen auf“, sagte Jens. „Und kein Wort! Wenn wir Glück haben, sehen wir ein paar Waldtiere. Die Tiere haben keine Angst vor den Pferden.“

Schweigend und gespannt ging es im Schritt über schmale, bewachsene Pfade. Manchmal mussten sie einen Ast zur Seite schieben und ab und an musste Jens sich ganz tief auf den Hals seines Pferdes bücken.

Plötzlich zeigte Jens nach links. Da standen zwei Rehe.

Die Rehe blickten zu ihnen hinüber und beobachteten sie.

Ganz nahe schritten sie an den Rehen vorbei. Die Kinder hatten das Gefühl, sie bräuchten nur die Hand auszustrecken und könnten sie berühren.

Eine Waldmaus huschte auf einen Baum zu und verschwand hinter einer großen Baumwurzel.

Sonnentupfen lagen auf dem Laubboden.

Dann wurde der Wald dichter und die Sonnentupfen verschwanden. Der Nadelteppich dämmte den Klang der Hufe. Es wäre fast unheimlich gewesen, wären da nicht Jens, Hellen und die Pferde gewesen.

Plötzlich zeigte Jens nach vorn, quer den Hang hinauf. Ein paar Wildschweine liefen auf ein Dickicht zu. Sie sahen kräftig und gefährlich aus.

Keiner sagte ein Wort. Es war ein Gefühl, als ob die Waldtiere sie in ihren geheimen Garten eingeladen hätten.

Als sie dann wieder aus dem Wald auf die Wiesen kamen, stand die Sonne schon tief am Horizont.

Eine Wildtaube gurrte.

Da sahen sie einen großen Hasen im Schein der Abendsonne.

Als sie näher kamen, hoppelte der Hase gemütlich in den Schutz des Hains zurück.

Die Pferde gingen nun zügig voran. Sie freuten sich auf den Stall, das kühle Wasser und das frische Heu.

Als Felix und Tina absattelten, sprachen sie nicht viel. Voller Dankbarkeit gaben sie den Ponys und den beiden Pferden die Möhren, die sie mitgebracht hatten.

Und als sie später mit strahlenden Gesichtern bei Hellen und Jens in der Küche saßen und ein Stück Torte aßen, waren sie in Gedanken noch immer im Wald bei den wilden Tieren.

AB 1

Mit den Pferden im Wald (1)

Name: ______________________

Datum: ______________

Was durften die beiden Kinder tun, als sie sattelfest waren?

Hier darfst du malen und schreiben.

Wie fühlten sich Felix und Tina, als sie mit den Pferden ausritten?

Welche Tiere sahen die Reiter zuerst im Wald?

Du darfst malen und schreiben.

Welches kleine Tier sahen Felix und Tina auf dem Waldboden?

Welche Tiere sahen sie im dunklen Teil des Waldes?

Welches Tier sahen sie auf der Wiese, als sie wieder aus dem Wald kamen?

Wie fühlten sich Felix und Tina nach ihrem Ausritt in den Wald?

AB 2	**Der Wald (1)**	Name: ____________ Datum: ____________

Male den Wald, wenn es regnet und alle Pflanzen duften.		Dann fühle ich mich so im Wald: ____________
Male den Wald, wenn der Wind durch die Baumkronen streicht und du unten im Schutz der Bäume bist.		Dann fühle ich mich so im Wald: ____________
Male den Wald, wenn es Abend wird und es schon ein bisschen dunkel ist.		Dann fühle ich mich so im Wald: ____________

AB 2	Der Wald (2)	Name: ____ Datum: ____

Male den Wald im Frühling, wenn die Bäume grüne Blätter bekommen und der Waldboden ein großer Blumenteppich ist.		Dann fühle ich mich so im Wald: ____
Male den Wald im Sommer, wenn die Bäume die Hitze abhalten und der Wind ganz leise durch die Blätter rauscht.		Dann fühle ich mich so im Wald: ____
Male den Wald im Herbst, wenn das farbige Laub im Sonnenschein leuchtet.		Dann fühle ich mich so im Wald: ____

AB 2	**Der Wald (3)**	Name: ______ Datum: ______

Male den Wald im Winter, wenn der Waldboden weiß ist und die Bäume dick mit Schnee bedeckt sind.		Dann fühle ich mich so im Wald: ______

Was bedeutet der Wald für dich?
Du darfst malen und schreiben.

______

______

______

Ohne den Wald würde ich …
Du darfst malen und schreiben.

______

______

______